D'ENTREPRENEURS
à
ENTREPRENEURS

Éditions Eyrolles
61, bd Saint-Germain
75005 Paris
www.editions-eyrolles.com

Depuis 1925, les Éditions Eyrolles s'engagent en proposant des livres pour comprendre le monde, transmettre les savoirs et cultiver ses passions !
Pour continuer à accompagner toutes les générations à venir, nous travaillons de manière responsable, dans le respect de l'environnement. Nos imprimeurs sont ainsi choisis avec la plus grande attention, afin que nos ouvrages soient imprimés sur du papier issu de forêts gérées durablement. Nous veillons également à limiter le transport en privilégiant des imprimeurs locaux. Ainsi, 89 % de nos impressions se font en Europe, dont plus de la moitié en France.

ISBN : 978-2-416-01881-7

France Invest
Illustrations de Gabs

D'ENTREPRENEURS à ENTREPRENEURS

Éditions
EYROLLES

Avant-propos

Ce livre n'a pas pour ambition de couvrir de manière exhaustive toutes les situations rencontrées dans le monde du capital-investissement, ni de détailler tous les métiers et les dynamiques de cette industrie. Porter un regard humoristique et bienveillant en partant des situations vécues par les entrepreneurs pour permettre de découvrir les actionnaires professionnels et leur accompagnement : tel est l'objectif. Toute similitude avec une situation vécue serait fortuite.

Préface

Plusieurs solutions s'offraient à nous, acteurs du capital-investissement, pour expliquer au grand public et plus particulièrement aux entrepreneurs et dirigeants de start-up, PME et ETI, notre métier et notre rôle au sein de l'économie.

Parce que nous l'exerçons depuis 40 ans, fédérés au sein de l'association France Invest, et qu'un anniversaire doit être festif et joyeux, nous avons opté pour une approche légère et humoristique dans son traitement, mais non moins sérieuse dans les messages qu'elle porte.

Nous côtoyons quotidiennement des entrepreneurs, femmes et hommes, audacieux, courageux, aux multiples projets. Face à leurs ambitions et parfois leurs interrogations, nous observons, analysons et nous nous engageons à leurs côtés pour les aider à grandir, transformer ou transmettre leur entreprise.

Pour accélérer l'atteinte de leurs objectifs, pour les accompagner dans leur croissance afin qu'ils deviennent leaders de leurs secteurs, dans leurs territoires, au niveau national puis international, nous, actionnaires professionnels (souvent mentionnés sous l'abréviation AP dans cet ouvrage), levons des fonds auprès d'acteurs qui collectent et gèrent l'épargne des Français (banques, assurances, caisses de retraite...), auprès de particuliers et d'autres entrepreneurs, et les investissons dans leurs entreprises.

En décidant de nous ouvrir une partie de leur capital, ces entrepreneurs peuvent s'appuyer sur nos ressources et notre accompagnement pour faciliter le démarrage de leurs activités (capital-innovation), accélérer leur développement (capital-développement), réaliser leur transmission à un autre propriétaire (capital-transmission) ou, parfois, les aider à rebondir.

Notre engagement s'inscrit dans le long terme (entre 5 et 10 ans) car notre objectif, en alignant les intérêts des dirigeants avec le nôtre, est bel et bien de soutenir l'innovation, l'industrialisation, la pérennité des emplois, la création de valeur… et parce que nous savons que les transformations nécessaires peuvent prendre du temps, nous œuvrons aux côtés des entrepreneurs dans la durée. Digitalisation, décarbonation, mise en place d'une démarche durable, internationalisation, … autant de défis que les dirigeants doivent relever pour que leurs entreprises restent compétitives dans un monde qui va toujours plus vite. Nous côtoyons les dirigeants sur le terrain, nous les comprenons et apprécions de pouvoir leur parler : « d'entrepreneurs à entrepreneurs ».

Nous, acteurs du capital-investissement, sommes le pont entre l'épargne et l'économie réelle. Aujourd'hui, nous accompagnons 10 000 entreprises dont 8 000 en France dans lesquelles nous investissons chaque année 50 milliards d'euros. La France compte 2 millions d'entreprises qui représentent le poumon de

l'économie ; vous imaginez à quel point nous avons de fructueuses rencontres à réaliser et encore de bien belles histoires devant nous !

À l'heure où les défis de transformation s'accélèrent pour les entreprises, la France peut et doit plus que jamais renforcer à la fois son économie, sa souveraineté, et le patrimoine des Français. Cet ouvrage nous permet de rappeler notre engagement plein et entier d'actionnaires aux côtés des entrepreneurs, après 40 ans d'histoire(s) commune(s).

Laissez-vous porter à votre guise par ces dessins et découvrez les valeurs qui nous animent !

Bertrand Rambaud,
Président de France Invest, 2024

Remerciements

J'adresse mes remerciements chaleureux au dessinateur Gabs, à Christophe Deldycke, Christine Demode, Anne-Cécile Guitton, Alexis Dupont, Laetitia Gesp et plus largement, à toute l'équipe de France Invest sans qui ce projet d'ouvrage n'aurait pu voir le jour.
Merci également aux entrepreneurs talentueux et audacieux qui inspirent quotidiennement les acteurs du capital-investissement et qui nous rappellent pourquoi nous aimons tant ce métier.

40 mots clés
qui animent les actionnaires professionnels

Accompagnement
Amorçage
Ancrage territorial
Attractivité
Capital-développement
Capital-innovation
Capital-transmission
Climat
Création d'emplois
Création de valeur
Croissance externe
Décarbonation
Dette privée
Digitalisation
Diversité
Entrepreneurs
Entreprises familiales
Environnement
ETI
Financement
Fonds propres
Gouvernance
Industrialisation
Internationalisation
Investissement
Levée de fonds
Non coté
Operating partner
Ouverture du capital
Parité
Partage de la valeur
Pérennité
Performance
PME
Proximité
Start-up
Stratégie
Territoires
Transformation
Valorisation

Pour transformer
une entreprise, il n'y a pas
de baguette magique !

Être accompagné
par un actionnaire professionnel,
ça peut aider.

NON! AU RISQUE DE ME RÉPÉTER, C'EST PAS COMME ÇA QUE TU VAS TRANSFORMER TON ENTREPRISE.
DIRIGEANT
GABS.

La vérité sort de la bouche des enfants (et de ChatGPT !)

AP = ACTIONNAIRE PROFESSIONNEL

On est plus intelligent
quand on réfléchit à plusieurs.

C'est vrai aussi quand on veut
préparer sa transmission.

J'AI LONGUEMENT RÉFLÉCHI À MA SUCCESSION, ET AU TERME DE MES RÉFLEXIONS, TOUT BIEN PESÉ, J'AI DÉCIDÉ...
... QUE C'ÉTAIT TOI YOUKI QUI ALLAIT ME SUCCÉDER.
GABS.

Les dirigeants d'entreprise
sont comme des sportifs
de haut niveau : il leur faut
un bon jeu de jambes
et un sparring partner.

GABS.

AP = ACTIONNAIRE PROFESSIONNEL

Pour grandir plus vite, il faut
parfois s’y mettre à plusieurs.

Les banquiers font des avances
sur recettes ; les actionnaires financent
le risque entrepreneurial.

FAIRE GRANDIR

AP = ACTIONNAIRE PROFESSIONNEL

On ne pense pas toujours
à ceux qui connaissent
le mieux l'entreprise.

TRANSMETTRE

AP = ACTIONNAIRE PROFESSIONNEL

Les dirigeants d’entreprise sont souvent
seuls face à leurs défis :
qui pour répondre
à leurs appels ?

ALLÔ, ICI
SOS-SOLITUDE-DIRIGEANT
NE QUITTEZ PAS, UN CONSEILLER
VA VOUS RÉPONDRE.
ALLÔ, ICI, SOS-SOLITUDE-
DIRIGEANT, NE QUITTEZ PAS...
NE QUITTEZ PAS...
GABS.

Une transmission, ça se prépare !

AP = ACTIONNAIRE PROFESSIONNEL

Des investisseurs prêts à parier sur une idée géniale qui va changer le monde...
Banco !

1/2

AP = ACTIONNAIRE PROFESSIONNEL

Forcément, ça surprend.

2/2

AP=ACTIONNAIRE PROFESSIONNEL

La vérité sort encore
de la bouche des enfants !

MA MÈRE À MOI ELLE EST CHEFFE D'ENTREPRISE !
ET BAH MA MÈRE À MOI, ELLE FINANCE LA CROISSANCE DE TA MÈRE À TOI !!!
GABS.

Quand on est chef d’entreprise,
l’incertitude est partout.

Mieux vaut se faire accompagner
que se faire suivre.

J'AI PEUR DE LA DETTE, DE LA CROISSANCE, DES RISQUES, DES DÉCISIONS À PRENDRE, DU MARCHÉ...
STOP ! JE NE PEUX RIEN POUR VOUS.
ALLEZ VOIR UN ACTIONNAIRE PROFESSIONNEL.
GABS.

Devinez qui a ouvert
son capital ?

REPORTING !
BUSINESS PLAN !
PAPERASSE !
CONTRATS !
PROJETS
ENVIES
RÉALISATION
RISQUES
GABS.

Trouver le bon partenaire pour construire et faire du chemin ensemble, c’est important.

ÇA Y EST ! J'AI TROUVÉ L'HOMME DE MA VIE : IL PREND DES RISQUES ET S'INVESTIT DANS CE QU'IL ENTREPREND !!!
IL EST ACTIONNAIRE PROFESSIONNEL ?
OUI
COMMENT T'AS DEVINÉ ?
FASTOCHE...
GABS.

Aïe ?

Un peu d’appréhension avant,
mais on se sent mieux après.

AUX DIRIGEANTS
MOI J'AI OUVERT MON CAPITAL !
ET ALORS, ÇA FAIT MAL ?
GABS.

Il paraît même qu'ils mangent les enfants...

C'est à se demander
pourquoi 10 000 entreprises
ont déjà fait appel à eux.

AP = ACTIONNAIRE PROFESSIONNEL

Capital arrosé, succès assuré : quand l’actionnaire et l’entrepreneur cultivent ensemble…

AP = ACTIONNAIRE PROFESSIONNEL

Pour aller loin,
il faut un bon attelage,
chacun à sa place.

AP = ACTIONNAIRE PROFESSIONNEL

Tout est dit dans le texte !

AP = ACTIONNAIRE PROFESSIONNEL

Donner du temps au temps,
quand on fait grandir
une entreprise, c’est essentiel.

AP = ACTIONNAIRE PROFESSIONNEL

Quand on crée de la valeur,
on a aussi envie de la partager.

AP = ACTIONNAIRE PROFESSIONNEL

GABS.

Pour la croissance, le mieux,
c’est d’être accompagné !

AP = ACTIONNAIRE PROFESSIONNEL

Les assemblées générales
ne se ressemblent pas toutes,
mais ce qui compte, c’est que
les entreprises grandissent !

DERNIÈRE RÉSOLUTION 53 : POUVOIR DONNÉ À LA DIRECTION POUR LES FORMALITÉS...
TOUT LE MONDE OK ?
OK !
OK !
MOI AUSSI !
AG 30.06
GABS.

Une gouvernance nécessite plusieurs regards.

Le poulet du dimanche.

La boucle est bouclée :
les entrepreneurs parlent
aux entrepreneurs.

AP = ACTIONNAIRE PROFESSIONNEL

GABS.

L’ambition c’est bien,
les moyens d’y parvenir,
c’est mieux.

I HAVE A DREAM

AP=ACTIONNAIRE PROFESSIONNEL

Quand on est chef d'entreprise,
on aimerait être guidé…

SÉRÉNITÉ
CROISSANCE
DÉCARBONATION
TRANSMISSION
MONDIALISATION
OUVERTURE DU CAPITAL
DIGITALISATION
CLIMAT
?
?
JE N'AIMERAIS PAS ÊTRE À LEUR PLACE...
GABS.

Pour passer le témoin
dans de bonnes conditions,
il faut se préparer.

NON, PAS ENCORE...
J'AI PAS PRÉPARÉ
MA TRANSMISSION!
?
GABS.

Chacun peut trouver
« capital à son pied »,
avec sa culture et son histoire.

NON ! PAS DE PANIQUE ! J'AI OUVERT LE CAPITAL MAIS ON GARDE LE CONTRÔLE !
PAS FOU...
GABS.

Il était une fois…

IL ÉTAIT UNE FOIS UN ENTREPRENEUR ENTREPRENANT, UN DIRIGEANT, QUI VOULAIT CRÉER SA SOCIÉTÉ, LA FAIRE CROÎTRE, LA FAIRE GRANDIR, POUR CRÉER PLEIN DE VALEUR, ET PLUS TARD POUVOIR LA TRANSMETTRE. MAIS IL VOULAIT POUR FAIRE CELA, ÊTRE ÉCOUTÉ ET BIEN ACCOMPAGNÉ. ALORS UN JOUR IL RENCONTRA...
ENCORE!
ENCORE!
ENCORE!
GABS.

La route est longue,
mais pas toujours dans ce sens-là.

AP= ACTIONNAIRE PROFESSIONNEL

Le climat, ce n’est pas juste
une histoire de café.

AP = ACTIONNAIRE PROFESSIONNEL

Quand il y a une grosse tuile,
mieux vaut être
bien accompagné.

AP=ACTIONNAIRE PROFESSIONNEL

Sortir du cadre.

ALLER PLUS LOIN

AP = ACTIONNAIRE PROFESSIONNEL

Paris n’est pas la France.

AP = ACTIONNAIRE PROFESSIONNEL

Un ami qui vous veut du bien.

AP = ACTIONNAIRE PROFESSIONNEL

Yes he can!

AP = ACTIONNAIRE PROFESSIONNEL

Avec une levée de fonds bien réalisée, plus facile d'avancer, y compris avec les banquiers.

DETTE
FP
À TA PLACE, JE N'AVANCERAIS PAS SANS AVOIR RENFORCÉ TES FONDS PROPRES.
MAIS BON...
GABS.

Quand on traverse la vallée
de la mort du financement,
on peut tomber sur une oasis
en costume cravate.

AP = ACTIONNAIRE PROFESSIONNEL

Entre entrepreneurs, on ne peut que se comprendre.

2 MILLIONS D'ENTREPRISES
MAIS QUE 8 000 ACCOMPAGNÉES ?
VOUS DEUX
VOUS ALLEZ M'AIDER !
AP
ENTREPRISE
G.

www.franceinvest.eu/
www.linkedin.com/company/franceinvesteu/

MIXTE
Papier | Pour une gestion forestière responsable
FSC® C105545

Achevé d'imprimer en novembre 2024 en Croatie par GZH
Dépôt légal : décembre 2024

Cet ouvrage est imprimé sur du papier offset 140 g.